DE L'AMOUR DE DIEU.

DE L'AMOUR
DE DIEU.

DIEU se connoît parfaitement, ses attributs, ses perfections, toute sa substance ; non seulement selon ce qu'elle est en elle-même, ou prise absolument ; mais aussi selon ce qu'elle est prise relativement à toutes les créatures possibles, c'est-à-dire en tant qu'elle est leur idée ou leur archetype.

Dieu aime sa substance invinciblement, parce qu'il se complaît en lui-même. C'est uniquement dans cét amour que consiste sa volonté. Ce n'est point une impression qui lui vienne d'ailleurs, ni qui le porte ailleurs. Il ne peut rien aimer que par la complaisance qu'il prend en lui même, rien que par rapport à lui ; parce qu'il ne trouve qu'en lui même la cause pour ainsi dire de sa perfection & de son bonheur.

Comme les créatures participent inégalement à son être , imitent inégalement ses perfections , ont plus ou moins de rapport à lui ; il est évident qu'il les aime inégalement, puisqu'il n'aime rien que par l'amour qu'il se porte à lui-même, que selon l'ordre immüable des perfections ausquelles ses créatures participent.

Cét ordre immüable est certainement la régle inviolable des volontez divines, c'est la loi éternelle: mais c'est aussi la loi naturelle & nécessaire de toutes les intelligences. Car il est évident que Dieu ne peut pas donner à ses créatures une volonté pour tendre où la sienne ne tend pas, pour ne pas aimer les choses à proportion qu'elles sont aimables , ou que selon le rapport qu'elles ont à sa substance qu'il aime invinciblement. Rien n'est donc juste raisonnable agréable à Dieu, que ce qui est conforme à l'ordre immüable de ses perfections.

Saint Augustin ne distingue point
ordinairement la charité ou l'a-
mour de Dieu de l'amour de la justice ou de l'amour de l'ordre; parce
que l'idée de Dieu comme souveraine justice, est plus propre à ré-
gler nôtre amour que toute autre
idée de Dieu que l'imagination
pourroit corrompre & par là nous
faire illusion: Mais puisque l'Ordre,
dont je parle, n'est que le rapport
qu'ont entr'elles les perfections divines tant absoluës que relatives,
il est clair que l'amour de l'ordre
n'est que l'amour de Dieu, & de
toutes choses par rapport à Dieu.
Car aimer l'ordre, c'est aimer les
choses selon le rapport qu'elles ont
aux perfections divines : & c'est aimer Dieu consideré en lui-même
plus que toutes choses, puis qu'il
renferme en lui-même, & d'une
maniere infiniment parfaite, les perfections de toutes choses.

Si pour être juste il faut toûjours
vouloir ce que Dieu veut, c'est uniquement & précisement, parce que
Dieu veut toûjours selon l'ordre im-

müable de ſes perfections, & qu'il
ne put jamais ſe démentir. C'eſt à
quoi il faut bien prendre garde. Car
lors qu'on attribuë à Dieu des volontez purement arbitraires ou in-
dépendantes de cette loi, & qu'on
s'imagine que c'eſt vertu que de s'y
ſoumettre, on tombe dans l'erreur
& dans le dérèglement. On fait
Dieu injuſte, c'eſt là l'erreur : & le
dérèglement conſiſte dans la conformité de ſa volonté avec celle d'un
Dieu imaginaire. La loi éternelle
n'eſt point arbitraire , c'eſt l'ordre immuable des perfections divines. Dieu par exemple peut ôter
à ſes creatures l'être qu'il leur a
donné librement. Mais le ſouverain
Domaine qu'il a ſur elles , ne lui
donne pas droit de les traitter in-
juſtement. L'être eſt pure liberalité :
mais le bien & le mal être, le plaiſir
& la douleur, la recompenſe & la
peine , doivent être reglées ſelon
l'ordre immüable de la juſtice ; que
le juſte Juge aime invinciblement
& par la neceſſité de ſa nature.

Comme Dieu n'agit que pour

lui, il n'a fait les intelligences capables de connoître & d'aimer que pour le connoître & pour l'aimer, que pour connoître la verité & l'ordre, juger selon la verité aimer selon l'ordre ; pour juger en un mot comme il juge, aimer comme il aime. La perfection de nôtre nature consiste donc à consulter la Raison & à la suivre ; j'entens cette souveraine Raison qui éclaire tous les hommes, cette lumiere interieure qui nous fait distinguer le vrai du faux, le juste de l'injuste. Dieu veut certainement cette perfection de nôtre être, il veut que nous la voulions. Il le veut dis-je non d'une volonté purement arbitraire, mais par l'amour invincible qu'il a pour l'ordre immüable. Cette inclination naturelle qui nous reste encore aprés le peché pour la verité & pour la justice, en un mot pour la raison en est une bonne preuve. Elle se fait mêmes encore sentir cette inclination, malgré la corruption de la nature : & nous en suivons toûjours les impressions, lors qu'elle

n'eſt point combattuë par l'inclination que nous avons pour les plaiſirs déreglez. C'eſt par l'amour
qu'ont pour la juſtice , ceux-là mêmes qui commettent des injuſtices,
qu'ils aiment les juſtes, & qu'ils les
préferent à ceux qui leur reſſem-
blent. Tous les hommes ont donc
quelque amour pour l'ordre immüable de la juſtice ; mais ils ne
ſont pas juſtes,parce que cét amour
n'eſt pas dominant , & qu'ils ne
veulent pas lui ſacrifier ce qui actuellement leur plaît davantage.

Mais il faut bien remarquer
qu'on ne peut aimer que ce qui
plaît; ni haïr que ce qui déplait. Si
l'on aime l'Ordre c'eſt que la beauté
de l'Ordre plaît : ſi l'on aime le vin,
c'eſt à cauſe du plaiſir que l'on trouve à boire. Il faut dire la même
choſe de ce qu'on haït. C'eſt qu'il
eſt abſolument impoſſible de rien
vouloir, ſi rien ne nous touche : il
eſt impoſſible que l'ame ſoit ébran-
lée, qu'elle reçoive quelque impreſ-
ſion , quelque mouvement ſi rien
ne la frappe. Mais il y a plaiſir &

plaiſir : Plaiſir éclairé lumineux rai-
ſonnable, qui porte à aimer la vraye
cauſe qui le produit, à aimer le vrai
bien, le bien de l'eſprit : plaiſir confus qui excite de l'amour pour des
creatures impuiſſantes, pour de faux
biens, pour les biens du corps. Le
premier nous faiſant aimer ce que
nous devons raiſonnablement aimer, il nous rend plus parfaits auſſi
bien que plus heureux : Le deuzié-
me nous corrompt, parce qu'il nous
fait aimer ce que l'Ordre nous deffend d'aimer. Mais tout plaiſir actuel en tant que plaiſir, nous rēd en
quelque maniere heureux; quoiqu'il
n'y ait que les plaiſirs raiſonnables,
qui rendent ſolidement heureux, &
qui nous conduiſent à la joüiſſance
du ſouverain bien : car les autres
ſont accompagnez de trouble, d'in-
quietude , & des frayeurs de la
veritable miſere dont ils ſeront
éternellement ſuivis.

Il eſt donc certain que tous les
hommes juſtes ou injuſtes aiment
le plaiſir pris en general , ou veulent étre heureux ; & que c'eſt le

motif unique qui les determine à faire generalement tout ce qu'ils font. Il eſt ſi vrai que tous les hommes aiment le plaiſir, que s'ils s'en privent quelquesfois, c'eſt ou pour en avoir davantage, ou pour éviter ſon contraire, la douleur ; ou enfin parce que l'inclination qu'ils ont pour la perfection de leur être s'y oppoſe , c'eſt-à-dire que la vuë & l'amour de l'Ordre immuable leur en donne de l'horreur. Car la grace de JESUS-CHRIST par laquelle on réſiſte aux plaiſirs deréglez eſt elle-même un ſaint plaiſir: c'eſt l'eſperáce & l'avantgoût du ſouverain plaiſir. Celui qui eſt animé de l'amour de l'ordre a du moins quelque horreur des plaiſirs qui ſe rapportent aux objets ſenſibles. Mais ôtez cette horreur, le voilà pris ; ſuppoſé que la beauté de l'Ordre ne le touche point ; ne lui plaiſe point.

Tous les hommes veulent donc être heureux & parfaits ou ſi l'on ne veut pas diſtinguer le bonheur d'avec la perfection, par ce qu'en effet le vrai bonheur en eſt inſeparable,

tous les hommes veulent invinciblement être heureux. Le defir de la
beatitude formelle ou du plaifir en
general eft le fond ou l'effence de la
volonté, en tant qu'elle eft capable
d'aimer le bien. C'eft cét amour propre que ceux qui étudient le cœur
humain, conviennent qu'il eft im-
poffible de détruire, & qui eft le
principe ou le motif de tous nos
mouvemens particuliers. Il faut bien
que l'amour de la beatitude foit une
impreffion naturelle & commune à
toutes les intelligences, puis qu'on
découvre dans fa propre volonté,
qu'en cela tous les hommes fe ref-
femblent. *Beatos effe fe velle omnes in
corde fuo vident*, dit S. Auguft. *tantá-
que eft hac in re naturæ humanæ confpi-
ratio, ut non fallatur homo, qui hoc ex
animo fuo de animo conjicit alieno.* De
Trinitate. l. 13. cap. 20.

S'il eft donc vrai, comme le dit
S. Auguftin que tous les hommes
cherchent la beatitude dans tout ce
qu'ils font de bien & de mal. *Depel-
lendæ miferiæ caufa & acquirendæ beati-
tudinis caufa faciunt omnes quidquid vel*

boni faciunt vel mali: In pf.32. fi comme il le dit encore (de Trinitate 13.8.) l'amour de la beatitude eft une impreffion du Créateur fouverainemḗt bon & immüablement heureux en lui-même : en un mot fi cét amour n'eft que le mouvement naturel qu'on appelle volonté ; il eft clair qu'on ne peut aimer Dieu que par l'amour de la beatitude, puifqu'ō ne peut aimer que par fa volonté. Ainfi tout amour de Dieu eft intereffé en ce fens , que le motif de cét amour c'eft que Dieu nous touche comme nôtre bien, & que nous fommes convaincus qu'il n'y a que lui qui puiffe remplir le cœur qu'il a fait pour lui. Mais il ne faut pas confondre les *motifs* avec la fin. Nôtre volonté l'amour de la béatitude eft une impreffion de Dieu commune aux bons aux méchans , aux damnez mêmes : la delectation de la grace par laquelle nous le goûtons comme nôtre bien , & la beauté de l'ordre par laquelle il nous touche & nous reforme fur nôtre loi, viennent auffi de lui. Mais tout cela nous unit à Dieu comme à nôtre bien : ce sont les *motifs* par lesquels nous tendons à Dieu comme à nôtre fin.

Les Saints contemplent les perfections divines : la beauté de ces perfections leur plaît, c'est-à-dire que la vuë ou la perception dont ces perfections les affectent est vive & agreable, car le plaisir n'est qu'une perception agréable. Cette contemplation agreable est donc leur béatitude formelle, ou les rend heureux. Mais cette contemplation est certainement inséparable des perfections contemplées : car la perception est inseparable de l'idée qui la cause, & ne peut se rapporter qu'à cette idée. Donc l'amour du plaisir est le motif qui fait aimer Dieu comme la fin : c'est le motif qui fait aimer ce qui plaît ou ce qui produit la perception agreable. Car enfin une perception sans idée n'est point une perception : il n'y a point de plaisir dans l'ame, lors que rien ne lui plaît. Le plaisir ou la perception agréable se rapporte donc naturellement à l'idée qui affecte l'ame agréablement, ou à ce que cette idée repreſente. Otez donc aux Saints l'amour du plaiſir ou de la perception agréable, vous ôtez l'amour de l'idée, & par conſequent l'amour de Dieu, car l'idée de Dieu ne peut être que Dieu, puiſque riē de fini ne peut repreſenter l'infini. Ainſi ôtez l'amour de la beatitude formelle, vous ôtez neceſſairement l'amour de la beatitude objective, ou l'amour de Dieu : c'eſt-à-dire que ſi Dieu ne produit en vous le motif de ſon amour, il eſt impoſſible que vous l'aimiez comme vôtre fin, comme vôtre ſouverain bien.

Il eſt vrai dira-t'on, les Saints ne peuvent aimer les perfections divines ſi leur beauté ne les touche point, ſi elle ne leur plaît nullement. Mais les Saints ne les aiment point ces perfections, à cauſe de ce plaiſir qui les rend formellement heureux. Leur amour eſt pur & cét amour eſt intereſſé. Ils aiment Dieu en lui-même & pour lui-même, & nullement Dieu pour eux-mêmes. Ils s'oublient & ſe perdent pour ainſi dire dans la divinité , ils ſe rapportent uniquement à Dieu , & par la parfaite conformité de leur volonté avec la ſienne , ils ſe transforment de maniere que Dieu eſt tout en eux & qu'ils ne ſont rien.

Je ne pretens pas approuver ou refuter tout ce qu'il y a de vrai & de faux dans ces propoſitions & de ſemblables , ni traitter à fonds du Quietiſme bon ou mauvais. Le reſpect que j'ai pour ceux qui ont entrepris d'éclaircir cette matiere ne me le permet pas , & le peu de connoiſſance & d'experience que j'ai des voyes extraordinaires me le deffend. Je prétens ſeulement expliquer ce que j'en penſe, puis qu'un de mes amis m'y a malheureuſemẽt engagé dans ſon dernier ouvrage, malgré le deſſein que j'avois pris de garder ſur cela un profond ſilence, je dois expliquer mes ſentimens, puis qu'on ne les prend pas bien.

Je croi donc que les plaiſirs dont les Saints ſont touchez à la vuë des perfections divines ne ſont pas diſtinguez de ces mêmes perceptions.

Ces plaisirs ne sont comme je viens
de dire, que des perceptions mais
vives & agreables de ces perfections, puisque tout sentiment agreable ou desagreable n'est que la perception d'une idée qui affecte l'ame
diversement. Car il ne faut pas s'i-
maginer qu'une même idée touche
toûjours l'ame d'une même maniere. Elle peut l'affecter d'une infinité
de perceptions toutes differentes ;
ce qui fait bien voir que les idées
sont fort differentes des perceptions
qu'on en a. Si je pense par exemple
à ma main sans la voir ni la sentir,
la perception que j'en aurai sera
bien differente de celle que j'en aurois, si je la regardois les yeux ou-
verts : & celle-ci differera de toutes
celles que j'aurois, si je la metois
dans de l'eau chaude froide dans le
feu & le reste. Ainsi la couleur, la
chaleur, la froideur, le plaisir que
l'on sent dans sa main, ne sont autre chose que des perceptions de
differens genres, & dont il y a
plusieurs especes : perceptions dis-
je produites toutes par la même
idée,

idée de la main actuellement pre-
fente à l'ame & agiffante en elle par
fon efficace : car toutes nos idées
particulieres ne font que la fubftance de Dieu même en tant que relatives aux créatures , ainfi que j'ay
expliqué ailleurs, & cette fubftance
eft efficace par elle-même. Il n'y a
que la fubftance de Dieu dit S.Aug.
qui puiffe agir immediatement dans
les efprits, les éclairer , les animer,
les rendre heureux & parfaits. *In-
finuavit nobis animam humanam & men-
tem rationalem non vegetari non beati-
ficari non illuminari , nifi ab ipfa fub-
ftantia Dei.* tract. 23. in Joan.

Il me paroît donc 1°. que l'a-
mour du ~~plaifir~~ en général devient
naturellement l'amour de tel bien,
lors que l'idée de tel bien produit
dans l'ame la perception agreable
qui le repréfente ; & qu'alors fi
l'ame confent, fi elle fe repofe dans
ce plaifir, ce qu'elle ne doit jamais
faire lors que ce plaifir ne repre-
fente point clairement la vraye caufe qui le produit, elle fe repofe dans
ce bien dont elle a la perception.

Elle aime ce bien non seulement d'un amour naturel, mais encore d'un amour libre.

2°. Que plus la preception est vive & agreable; plus aussi l'amour naturel est ardent, plus l'ame est remplie de l'objet qui lui plaît, plus elle s'occupe de lui, plus elle s'oublie elle-même, lors qu'elle suit toute l'impression que le plaisir fait en elle.

3°. Que lors que la perception agréable représente à l'ame la cause veritable qui la produit, ce qui n'arrive jamais dans les plaisirs confus des sens, qui se rapportent non à Dieu qui en est la cause veritable, mais aux objets sensibles, l'ame doit aimer ce qui lui est presenté. Car alors c'est le vrai bien. Or l'amour est d'autant plus parfait qu'il est plus grand pour le vrai bien, & l'on ne peut trop suivre les mouvemens que produit en nous la delectation de la grace, car cette delectation se rapporte naturellement au vrai bien.

4°. Le souverain bien, le bien

de l'esprit, en un mot le vrai bien
doit & veut être aimé non d'un
amour d'instinct, semblable à celui
dont on aime les corps, mais d'un
amour éclairé. De sorte que l'ame
ne doit pas aimer davantage ce dont
elle a des perceptions plus vives &
plus agréables : souvent mêmes elle
ne doit nullement l'aimer. Elle ne
doit s'abandonner au plaisir, que
lors que ce plaisir est la perception
vive & douce du vrai bien. Car il
n'y a que la joüissance du vrai bien
qui nous rende solidement heureux,
heureux & parfait. Maintenant l'a-
mour de la felicité & de la perfection se combattent, parce que c'est
le tems du merite, & que l'ame est
en épreuve dans son corps. Ce qui
nous plaît actuellement nous corrompt, nous déregle, nous prive
de la vraie felicité. C'est que tous
nos plaisirs excepté ceux de la grace se rapportent aux objets sensibles qui n'en sont point la vraye
cause. Mais dans le Ciel tout ce qui
nous plaira, nous perfectionnera :
tous nos plaisirs seront purs, &

nous uniront à la vraie cause qui les produit. Plus nos plaisirs seront grands plus aussi nôtre union avec Dieu sera étroite, plus nôtre transformation pour ainsi parler sera parfaite, plus l'ame s'oubliera elle-même, plus elle s'aneantira, plus Dieu sera tout en elle.

Il faut remarquer que nous n'aimons point tant nôtre être que nôtre bien être. Il n'y a point d'homme qui n'aimât mieux l'aneantissement de son être, que d'être eternellement malheureux, quelque legere que fût sa douleur. On n'aime donc l'être que pour le bien être, Dieu nous a faits ainsi, afin que nous ne nous aimassions que pour lui, qui seul peut faire nôtre bien-être. C'est apparemment pour cela qu'il ne nous a pas donné d'idée claire de nôtre ame, de peur que nous ne nous occupassions trop de son excellence. Car nous ne la connoissons que par sentiment interieur. Et nous ne connoîtrons clairement ce que nous sommes, que lors que la vuë des perfections divines ne nous permettra pas de nous en orgueillir de l'excellence de nôtre être.

D'où vient par exemple qu'un avare se pend, qu'un amant se donne la mort, lors qu'ils sont pour toûjours privez de ce qu'ils aiment? c'est qu'ils regardent la mort comme l'aneantissement de leur être, & qu'ils préferent le non-être à l'être privé du bien-être. D'où vient qu'un amant s'oublie si fort qu'il ne s'occupe que de l'objet qu'il aime ! c'est qu'il ne trouve son bonheur que dans la joüissance de l'objet aimé. Donc plus le plaisir est grand, moins l'amour qu'il produit est interessé, ou moins il y a de retour sur soi : plus on s'aneantit, on se perd, on se transforme dans l'objet aimé , on prend ses interêts, on entre dans ses inclinations.

Si le plaisir que la raison trouble & que les remords inquiétent, si le plaisir confus ou dont on ne connoit point clairement la veritable cause, transforme l'ame dans l'objet aimé , si nôtre cœur est dans nôtre thresor comme le dit JESUS-CHRIST; que ne fait point dans les Saints le plaisir éclairé, ce plaisir infiniment doux & paisible par lequel ils goûtent la substance même de la Divinité. Peut-on concevoir une transformation plus parfaite, un amour plus pur, ou avec moins de retour sur soi que celui des Saints; eux qui connoissent clairement leur vuide & l'impuissance de leur nature, & qui sçavent bien qu'ils ne font à eux-mêmes ni leur lumiere ni leur vie ni leur beatitude, mais une pure capacité du souverain bien. On ne peut donc trop suivre l'impression que produit en nous le plaisir quand ce plaisir est éclairé, quand c'est la perception vive & agreable non d'une creature impuissante, mais de la veritable cause qui le produit, quand il se rapporte au vrai bien, & qu'il nous unit à lui. La grace de JESUS-CHRIST est un saint plaisir : c'est comme la nomme saint Augustin (De spirit. & litt. c. 4.) *une sainte concupiscence.* Est-ce qu'il faut lui resister, & ne pas suivre les mouvemens qu'elle nous infpire?Eft-ce que le confentement à cette grace nous fait aimer Dieu d'une maniere indigne de lui ?

Mais dira-t'on il faut aimer Dieu, pour Dieu. Je l'avoüe. Il ne faut pas aimer Dieu pour quelque autre bien que lui, car il n'y a que lui de vrai bien. Il faut l'aimer pour le poffeder & joüir de lui. C'eft nôtre fouverain bien, c'eft la fin où doivent tendre tous les mouvemens dont il eft la veritable caufe.

Ce n'eft pas repondre, continuera-t'on. Il faut aimer Dieu pour Dieu en ce fens, qu'il ne faut aimer la beatitude formelle, c'eftà-dire qu'il ne faut vouloir étre folidement heureux par la joüiffance de Dieu, que parce que Dieu le veut. C'eft en cela précifement que confifte le pur amour. Pourquoi voulez-vous être heureux ? Repondez.

Ne me demandez pas pourquoi je veux être heureux, demandez-le à celui qui m'a fait. L'amour de la beatitude eft une impreffion naturelle : interrogez le Créateur. Si elle étoit de mon choix, je pourrois vous répondre, parce que j'en fçaurois bien le motif. L'amour de la béatitude objective, l'amour de Dieu eſt de mon choix ; & tous ceux qui aiment Dieu peuvent bien dire pourquoi. C'eſt que voulant être ſolidement heureux, heureux & parfait, ils croyent nonobſtant les illuſions que leur font maintenant les objets ſenſibles, qu'il n'y a que Dieu qui les puiſſe rendre tels : car c'eſt pour cela que maintenant leur amour eſt meritoire. C'eſt qu'ils ſont convaincus que la beatitude formelle eſt inſeparable de l'objective, que la perception vive & agreable du bien, qui eſt la joüiſſance du bien, ne peut être ſans la préſence du bien ; & que le mouvement de l'ame qu'excite cette perception & qu'ils ſuivent volontiers, ne peut tendre que vers le bien dont elle eſt la perception.

Je puis cependant vous dire que Dieu veut que je veüille invinciblement être heureux, par ce qu'il

m'a

m'a fait libre; & qu'il ne pourroit ni me recompenser ni me punir, comme moi, ni meriter ni demeriter, si le plaisir & la douleur, la perfection ou la corruption de ma nature, m'étoient indifférens. Je puis vous dire qu'ayant necessairement voulu que sa loi, l'ordre immuable fût aussi la nôtre, il falloit non seulement que la beauté de cette loi nous plût, mais encore que nous aimassions naturellement ce qui nous plaît. Voila pourquoi ceux qui se conforment à cette loi sont remplis de joye, & que le trouble & l'horreur saisissent ceux qui se revoltent contre elle. Tous veulent invinciblement être heureux : Mais les uns s'attendent que leur soumission sera recompensée, & les autres sont interieurement menacez que leur révolte sera punie. Ainsi le desir invincible de la felicité s'accorde parfaitement avec l'amour de la justice. Il nous fait vouloir ce que Dieu veut que nous voulions ; & lorsqu'il est éclairé par la lumiere de la raison, excité par la foi & la de-

lectation de la grace, il nous con-
duit à toute la perfection, & à toute la felicité dont nous sommes capables.

La souveraine perfection direz-
vous encore, c'est de ne vouloir être
ni heureux ni parfait. La perfection
& la béatitude formelle sont créées:
il ne faut vouloir que le Créateur. Le desir de sa perfection propre est une avarice spirituelle : celui
de la beatitude formelle de sa propre felicité , n'est qu'un amour propre tant de fois condamné par les
Saints. Ces desirs ne sont bons qu'à
nous inquieter. L'amour pur n'est
qu'une entiere conformité de nôtre
volonté avec celle de Dieu. En dou-
tez-vous.

Non je n'en doute pas. Mais apparemment je ne l'entens pas comme vous l'entendez. Otons les équi-
voques. Je croi que la volonté de
Dieu qui est nôtre régle n'est nullement celle qui permet le mal,
car certainement Dieu ne veut pas
positivement tout ce qu'il permet.
Je dis plus , ce que Dieu veut n'est

pas toûjours la régle de ce que nous devons vouloir. Par éxemple Dieu veut cent justes cent fois davantage qu'un seul. Cependant je dois vouloir être juste préferablement à cent. Car comme dit l'Apôtre il ne faut pas faire le mal afin qu'il en arrive du bien. Ce que Dieu veut que nous voulions, voilà precisément nôtre regle. Mais comment sçaurons-nous ce que Dieu veut que nous voulions à l'égard des choses qui ne sont point clairement marquées dans la loi écrite. Il y a par exemple des gens qui pretendent que c'est une proprieté contraire à la charité parfaite ou au pur amour, que de souhaitter davantage les dons de Dieu pour soi-même que pour un autre, & à plus forte raison que pour cent autres, par cette raison qu'il faut aimer son prochain comme soi-même. Ils pretendent que saint Paul a souhaitté serieusement d'être separé de JESUS-CHRIST pour le salut de ses freres, & que supposé disent-ils que Dieu le voulût, on doit vouloir sa damnation éternelle. Comment pourrons-nous donc éclaircir ces questions, & sçavoir précisément ce que Dieu veut que nous voulions, afin de conformer nôtre volonté à la sienne ? c'est ce qu'il faut éxaminer.

J'ai déja dit que la volonté de Dieu n'étoit que l'amour qu'il se portoit à lui-même, que la complaisance qu'il avoit dans ses divines perfections, qu'il se connoissoit parfaitement, & qu'il vouloit être précisément tel qu'il est. Nôtre volonté sera donc entierement conforme à la sienne, si nous l'aimõs, si nous le voulons tel qu'il est, si les mouvemens de nôtre volonté sont réglez sur l'ordre immuable de la justice. Le pecheur ne veut point que Dieu soit ce qu'il est, s'il le veut puissant, il ne le veut point juste: ou s'il le veut juste, il voudroit bien qu'il fût impuissant : car personne ne veut être éternellement malheureux. Celui qui veut être heureux plus qu'il ne merite de l'être par ses bonnes œuvres sanctifiées en JESUS-CHRIST, n'aime point Dieu veritablement tel qu'il eſt. Car il voudroit que Dieu voulut ce que l'ordre immuable de ſa juſtice l'empêche de vouloir. Les Saints dans le Ciel qui voyent, & qui aiment Dieu tel qu'il eſt , ne veulent pour eux que le degré de bonheur qui eſt écrit dans la loi divine. C'eſt pour cela qu'ils ſont parfaitement contens , ſans jalouſie contre les autres , & mêmes ſans compaſſion pour les damnez. Car outre qu'ils aiment Dieu tel qu'il eſt , on ne deſire jamais , lors qu'on eſt ſage , ce que l'on voit évidemment impoſſible.

Ceux donc qui ne veulent être heureux qu'autant qu'il eſt juſte qu'ils le ſoient , qui travaillent de toutes leurs forces à l'acquiſition des vertus , à regler toute leur conduite ſur la loi divine, ſachant bien que Dieu eſt juſte , & que c'eſt l'unique moyen d'augmenter leur bonheur , leur joüiſſance future du vrai bien , leur complaiſance en lui , leur transformation pour ainſi parler dans la Divinité , en un mot ceux qui veulent Dieu tel qu'il eſt,

& qu'il agiſſe toûjours en eux ſelon ce qu'il eſt, veulent Dieu comme Dieu ſe veut : ils aiment Dieu comme Dieu s'aime. On ne peut concevoir de volonté plus conforme à celle de Dieu que la leur. C'eſt donc en cela que conſiſte préciſement le pur amour.

Il eſt vrai qu'ils aiment Dieu pour eux en ce ſens qu'ils veulent être heureux par ſa joüiſſance. Mais 1°. leur fin derniere c'eſt Dieu, puiſqu'ils ne tendent qu'à lui. Bien loin de s'arrêter à eux mêmes, comme le Sage pretendu des Stoiciens ; ou aux objets ſenſibles comme les Epicuriens : ils reconnoiſſent le vuide & l'impuiſſance des créatures.

2°. Il aiment Dieu pour Dieu, puiſqu'ils le veulent pour lui-même, & qu'ils ſont contens de joüir uniquement de lui.

3°. Ils s'aiment pour Dieu & ſe rapportent tout à lui, leur beatitude même ; puiſqu'ils ne pretendent joüir de lui, qu'autant qu'il le voudra ; qu'il le voudra dis-je non d'une volonté purement arbitraire, inconnuë, imaginaire ; mais d'une volonté toûjours reglée fur l'ordre immuable de la juftice.

4°. Ils ne veulent être heureux que pour la gloire de Dieu, puif-qu'ils veulent que Dieu foit tel qu'il eft , & qu'il n'agiffe en eux que felon ce qu'il eft. Car enfin Dieu ne fe glorifie que d'être ce qu'il eft,& d'agir toûjours, felon ce qu'il eft. Dieu ne peut agir que par fa volonté, qui n'eft que l'amour qu'il porte à fes perfections , dans lef-quelles il fe complaît & dont il fe glorifie. Dieu ne tire pas fa gloire de nos adorations & de nos loüan-ges ,mais nous y trouvons la nôtre, car nôtre veritable gloire c'eft d'ê-tre tels que nous devons être.

Le motif de leur amour , c'eft qu'ils veulent être heureux ; mais ce motif vient uniquement de Dieu, qui ne nous l'a donné qu'afin de nous porter vers lui , qu'afin que nous l'aimions comme nôtre fin. L'amour de la beatitude formelle eft phyfiq & neceffaire , & les com-

mandemens ne regardent que l'a-
mour de choix, que l'amour libre,
que ce qui dépend de nous. L'E-
criture Sainte suppose toûjours en
nous l'amour de la beatitude for-
melie : c'est une verité incontesta-
ble. Seroit-elle propre à corrompre les parfaits, & à aneantir le
pur amour ?

La beatitude formelle est créée,
mais l'amour de cette beatitude
l'est aussi. Tout cela vient du Créateur, & ne dépend nullement de
nous. Ce qui dépend de nous avec
la grace, c'est de bien placer nôtre
amour : c'est d'aimer comme souverain bien la cause qui nous rend
capables d'aimer. Nôtre perfection
est aussi créée. Mais comme elle
consiste à suivre la Raison, à aimer
l'Ordre ; c'est-à-dire à aimer Dieu
sur toutes choses, & toutes choses
selon le rapport qu'elles ont avec
Dieu ; c'est assurement aimer Dieu
que d'aimer sa perfection, ou du
moins c'est s'aimer pour Dieu &
selon Dieu.

A l'égard du prochain il faut

l'aimer comme soi-même , en ce sens qu'il faut l'aimer comme on se doit aimer soi-même; c'est-à-dire qu'il faut lui souhaitter le souverain bien , & faire ce qui dépend de nous , afin qu'un jour il en joüiſſe avec nous. Car Dieu eſt un bien commun à tous les eſprits: tous peuvent joüir de lui ſans rien diminüer à nôtre égard de ſon abondance.

Mais ſi on pouvoit ſupoſer que tel don de Dieu utile pour nôtre ſalut, car je ne parle pas des biens temporels, ne nous ſeroit pas dóné s'il étoit donné à cent autres; il me paroît certain qu'on devroit ſe vouloir ce don plutôt qu'à cent mille autres ; par cette raiſon qu'il faut aimer Dieu de toutes ſes forces, infiniment plus que toutes choſes ; & que ce n'eſt pas l'aimer ainſi que de preferer le ſalut de tous les hommes au ſien. Car on ne peut aimer Dieu parfaitement comme ſon ſouverain bien , ſi l'on ne joüit de lui , ſi ſa ſubſtance ne nous affecte, & ne nous plaît. C'eſt pour cela qu'on n'accomplira parfaitement le pre cepte de l'amour de Dieu que dans le ciel. L'ordre veut que tout le mouvement que Dieu imprime sans cesse en nous se termine à lui : Dieu ne nous a faits que pour lui : nous devõs donc vouloir nôtre salut preferablement à celui de tous les autres. Car nous ne voulons , nous n'aimons que par nôtre volonté , & non par la volonté des autres. C'est amour propre si on le veut, mais éclairé & conforme à l'ordre, conforme non à ce que Dieu veut en général, ma.s à ce que Dieu veut que nous voulions chacun en particulier. Cent hom-mes loüeront Dieu plus qu'un seul. Ainsi c'est preferer son salut à la gloire de Dieu. Hé bien, je le veux encore : mais à une gloire étrangére , à une gloire qui n'est point la régle & la fin des volontez divines, à une gloire que Dieu ne veut pas que je prefere à sa veritable gloire. Dieu ne tire sa veritable gloire que de lui-même. Il veut bien que tous les esprits l'adorent & le loüent, car cela est conforme à l'ordre immuable de la justice. Mais il est si peu vrai-semblable que cette gloire soit la régle & la fin de sa conduitte, que le plus grand nombre des hommes le blasphemera éternellement. Ne marque-t'il pas par là que lui qui ne peut agir que pour sa gloire, ne la tire pas cette veritable gloire, des loüanges qu'on lui donne. Dieu se complaît dans ses attributs, il se glorifie de les posseder : voila sa gloire. S'il agit, il le fait toûjours d'une maniere qui porte le caractere des attributs dont il se glorifie : en cela il trouve sa gloire. Que les hommes blasphement contre la Providence. Elle porte le caractere de la Divinité. Dieu ne la changera donc pas. Il ne se dementira pas pour leur plaire & s'attirer leurs loüáges, parce que ce n'est pas d'eux, mais uniquement de lui-même qu'il tire sa gloire. En deux mots c'est que Dieu veut être ce qu'il est, & agir toûjours selon ce qu'il est. C'est uniquement en cela qu'il met sa veritable gloire. Or celui qui veut posseder le souverain bien, & ne veut être heureux dans cette joüissance

qu'autant que l'ordre de la justice
le demande, veut Dieu tel qu'il
eſt, & qu'il n'agiſſe en lui que ſelon ce qu'il eſt. Donc il veut la gloire de Dieu & ſa veritable & ſolide
gloire. Il veut, il aime Dieu, comme Dieu ſe veut & comme il s'aime. Mais ſuppoſé qu'il fût damné,
comme tel la Divinité ne lui plai-
ſant plus, il ſeroit impoſſible qu'il
l'aimât, & qu'il ſe complût en
elle.

On fait ordinairement cette objection contre ce que je viens d'établir : ſçavoir que tout amour de
Dieu eſt neceſſairement intereſſé, en
ce ſens que le plaiſir en eſt le motif, en prenant le plaiſir generalement pour la modification de l'a-
me, pour la perception agreable
qu'excite en elle tout ce qui plaît.
Celui qui aime veritablement ſon
ami, l'aime, dit-t'on, ſans aucun retour ſur ſoi, ſans qu'il en reçoive,
ou qu'il en eſpere aucun avantage.
L'amitié ſincere & parfaitement
deſ-intereſſée : ſeroit-il poſſible
que la charité parfaite ne le fut pas?

Je répons qu'on se trompe fort
de croire que l'amitié soit desinte-
ressée dans le sens que je prétens
que la charité ne l'est pas, car si on
y prend garde on verra le contraire.
Si l'on aime quelqu'un uniquement
par ce qu'on le croit homme de
bien, c'est parce qu'on a toûjours
quelque amour pour la justice, &
que cét amour se répand sur celui
que l'on croit juste. Or la beauté de
la justice ne se fait aimer, que par
ce qu'elle plaît naturellement à
tous les hommes, quoi qu'ordinairement elle ne leur plaise pas tant
que les objets sensibles qui les tou-
chent plus vivement. Que si nôtre
ami nous paroît injuste & dérai-
sonnable ; nous ne pouvons alors
l'aimer, que par ce qu'il nous aime,
qu'il prend ou qu'il a pris nos interêts : & il est visible que nôtre amitié est fondée sur ce que nous nous
aimons nous mêmes, & que l'in-
gratitude nous deplaît; enfin si nous
l'aimons à cause de ses manieres
ou telles qualitez qu'on voudra :
c'est assurement parce que ces qua-

litez nous plaifent. Souvent on aime les gens fans pouvoir dire pourquoi , par ce qu'on n'a pas fait de
reflêxion fur le motif qui a excité
l'amour , mais en y penfant on le
découvre ce motif.

Mais il n'en eft pas de même de
l'amour de Dieu que de l'amitié
qu'on a pour fes amis ; on doit aimer Dieu feul comme fon bien : car
il eft certain qu'il a feul la puiffance
de nous rendre heureux. Or il eft
clair que tout mouvement de la
volonté conforme à un jugement
vrai eft un mouvement droit &
agreable à Dieu , puifque c'eft un
mouvement qui exprime le jugement que Dieu porte de lui-même.
Mais il ne faut nullement aimer fon
ami comme fon bien , comme ayant
quelque puiffâce veritable d'agir en
nous: car toutes les creatures font à
cet égard également impuiffantes;&
tout mouvement de la volonté conforme à un faux jugement eft un
mouvement deréglé.

Cependant fi nous fuppofons que
cét ami a quelque efpece de pou-

voir de nous rendre heureux , &
qu'il le juge ainſi lui-même ; il
trouvera ſans doute fort mauvais
que nous ne nous adreſſions pas à
lui dans le beſoin que nous en
avons ; ſur tout s'il peut nous ſe-
courir ſans qu'il lui en coûte rien,
ou ſans qu'il faſſe rien qui ſoit contraire à ce qu'il ſe doit à lui-même;
parce que nôtre conduite à ſon
égard exprimeroit un jugement
contraire à celui qu'il porte de ſes
qualitez ; dans leſquelles je ſuppoſe
qu'il a de la complaiſance. Il auroit
quelque ſujet de croire que nous
ne voudrions pas lui avoir une nou-
velle obligation de l'aimer , & cela
le choqueroit ſans doute. Mais s'il
croyoit voir dans nôtre cœur que
nous l'aimons veritablement ; ou il
jugeroit que nous mépriſons le bien
qu'il pourroit nous procurer, ce qui
ne lui plairoit nullement s'il en ju-
geoit autrement que nous , & s'il
étoit comme Dieu l'eſt, la cauſe du
mouvement que nous aurions pour
ce bien , Peut-être croiroit-il que
nous n'avons pas le ſens commun,

ou que quelque orgüeil secret seroit
le principe de nôtre reserve à son
égard. Or le desir d'être heureux
est un motif dont Dieu seul est la
cause : plus le plaisir est grand, plus
la perception de la substance divine
est vive & agreable, plus aussi l'a-
me s'unit à Dieu, plus elle est pour
ainsi dire forcée de l'aimer : Si nous
sommes raisonnables, nous ne desi-
rons d'être touchez de ce saint plaisir, nous ne voulons joüir de la
beatitude qu'autant que l'ordre de
la justice le demande, qu'autant que
Dieu nous le peut accorder, sans
rien faire contre ce qu'il se doit à lui-
même, ou plutôt nous voulôs en cela qu'il n'agisse que selon ce qu'il est,
qu'il agisse en Dieu mais en Dieu
souverainement bon & immuable-
mêt heureux, comme le dit S. Augustin. Donc si nous pretendons aimer
Dieu sans qu'il nous plaise, sans
goûter qu'il est bon, ou du moins
sans l'esperance ferme que nous le
possederons un jour avec plaisir,
c'est-à-dire par des preceptions vives & douces que sa substance pro-
duira

duira dans nôtre ame, nous pretendons l'impoſſible. Nous reduiſons la charité ou le pur amour de Dieu à un jugement ſpeculatif des perfections divines. Car on ne peut aimer Dieu d'un amour d'union, ni mêmes d'un amour de complaiſance, ſi ſa ſubſtance ne nous touche, ou que l'on n'eſpere qu'elle nous touche agreablement, ſi elle ne nous plaît effectivement. On ne peut prendre de part à la joye de ſon ami que par le plaiſir qu'on reçoit auſſi bien que lui. On ne peut aimer ſans motif, & tout motif n'eſt qu'une modification de ſoi-même, une perception agreable d'un objet qui plaît, duquel on joüit ou dont on eſpere de joüir. La perception que les Saints ont de Dieu dans le ciel eſt claire, & agréable : entant que claire ils le connoiſſent, ils l'eſtiment, ils en jugent; entant qu'agreable ils l'aiment. C'eſt confondre les choſes que de pretendre que la perception entant que claire d'un objet en lui-même & ſans rapport à nous, ſoit le motif de nôtre amour : comme de pretendre qu'entant qu'agreable , elle le doive être de nos jugemens. Je dis d'un objet consideré en lui-même & sans rapport à nous : Car la perception claire d'un objet par rapport à nous , ou comme capable de nous rendre heureux est le seul motif auquel nous devions nous rendre. Le plaisir est le motif de l'amour : mais il ne faut jamais aimer que Dieu, que celui qu'on voit clairement en être la veritable cause.

De tout ce que je viens de dire il s'ensuit 1°. que l'amour de Dieu, même le plus pur, est interessé en ce sens, qu'il est excité par l'impression naturelle que nous avons pour la perfection & la felicité de nôtre être , en un mot pour le plaisir pris en general , ou pour les perceptions agreables qui se rapportent à la vraie cause qui les produit & qui nous la font aimer.

2°. Que l'amour pur est l'amour de Dieu tel qu'il est, juste aussi bien que puissant , sage , &c. Car c'est ainsi que Dieu s'aime; & cét amour

eſt d'autant plus ardent que Dieu
préciſement tel qu'il eſt, & non tel
que l'imagination le peut repreſenter, nous plaît davantage, puiſque
c'eſt le plaiſir,ou la perception douce & paiſible que les Saints ont des
perfections divines qui fait qu'ils
s'oublient pour ne s'occuper que
de lui.

3° Qu'ainſi l'amour de Dieu uniquement comme puiſſant ou bienfaiſant en prenant ce mot ſelon les
idées vulgaires ne juſtifie pas. C'eſt
l'amour d'un Dieu humainement
debonnaire & non de Dieu tel,
qu'il eſt. Il n'y a que celuy qui aime Dieu tel qu'il eſt, qui ſoit juſte.
Et la reciproque eſt vraye : il n'y a
que le juſte qui puiſſe aimer Dieu
tel qu'il eſt.Car certainement on ne
peut aimer que ſon biē;& Dieu ne
peut être le bien de celui qui n'eſt
pas juſte. Car quoique Dieu ſoit
puiſſant & bienfaiſant, il eſt juſte:
& comme il agit toûjours ſelon ce
qu'il eſt, il ne peut pas uſer de ſa
puiſſance pour recompenſer l'inju-
ſtice qu'on lui rend. Il eſt le bien

des bons & le mal des méchans.
17. *Cum electo electus eris & cum perver-*
so perverteris. Cependant l'amour
de Dieu comme bienfaifant nous
difpofe fort à l'amour de Dieu
tel qu'il eft. Car puis qu'on aime
fouvent fes bienfaicteurs jufques
dans leurs vices, il faut être bien in-
grat & bien deraifonnable pour ne
pas aimer Dieu tel qu'il eft, fur tout
lors qu'on eft convaincu que fans
cela, il n'eft pas poffible qu'il nous
comble de bienfaits.

4.° Mais que l'amour de Dieu
comme nôtre veritable beatitude
objective, comme la caufe de nôtre
perfection auffi bien que de nôtre
felicité, comme nôtre lumiere, nôtre loi inviolable, la caufe de nôtre
juftice, nous rend certainement
agreables à Dieu, lorfque cet amour
eft dominant. Car l'amour de l'ordre qui fait nôtre perfection eft l'a-
mour de Dieu tel qu'il eft, & de
toutes chofes felon le rapport qu'elles ont avec lui, à proportion qu'elles font aimables. Mais pour aimer
l'Ordre, il faut qu'il nous plaife. On

ne peut être solidement heureux &
être deraisonnable, avoir le cœur
dereglé. Pour l'être veritablement
il ne suffit pas que Dieu nous donne des perceptions vives & agreables d'un faux bien, qui se rapportent à une creature impuissante, &
que la raison nous deffend d'aimer.
Il faut se plaire dans la joüissance
du vrai bien, & sçavoir mêmes que
cette joüissance sera éternelle, parce-
que nôtre volonté étant parfaitement conforme à celle de Dieu, il
aura toûjours la bonté de se com-
muniquer à nous.

5° Qu'un homme juste & qui a
le pur amour ne doit & ne peut
mêmes accepter serieusement sa
damnation. Il ne le *doit* point, car
étant juste, il commettroit une injustice contre lui-même en consen-
tant à celle d'un Dieu imaginaire, &
dont le vrai Dieu est incapable,
puisque le vrai Dieu est juste, &
qu'il ne peut vouloir ou agir que
selon ce qu'il est. Et personne ne
peut accepter sa damnation, si ce
n'est que l'on trouve plus de plaisir

actuel, ou que l'on soit certain que
l'on en aura davantage dans cette
acceptation, qu'on ne craindroit de
douleur dans une damnation en
idée, & qui ne fait point actuellement de mal, car quand deux choses sont proposées pour en faire
choix, on peut bien suspendre son
consentement, puisqu'on est libre;
mais lors qu'on se determine, on ne
peut le faire que pour ce qui nous
plaît le plus, ou pour ce qui nous
deplaît le moins actuellement, ou
pour ce dont on espere plus de plaisir. Je prens toûjours plaisir dans la
signification la plus étenduë. Il y a
bien de l'apparence que ceux mêmes qui s'imaginent accepter veritablement leur damnation, ne tâ-
chent de le faire que pour assurer
leur salut, que par la crainte même
d'offenser Dieu & d'être damnez.
Ils croyent peut-être que pour
assûrer leur salut & éviter la damnation il est necessaire de vouloir
l'accepter. Ainsi l'amour propre
qu'ils veulent détruire, au lieu de le
regler, leur fait illusion.

6° Que cependant un homme juste doit & peut accepter son anéantissement, supposé que Dieu le voulust. Cette supposition quoi qu'impossible en un sens, ne détruit point l'idée du vrai Dieu, comme fait celle de la damnation du juste; parce que l'être est pure liberalité, mais le bien & le mal-être doivent être réglez par la justice. Les justes *devroient* donc accepter leur anéantissement, parce qu'ils seroient injustes de ne pas conformer leur volonté à celle du vray Dieu: & ils le *pourroient*, parce qu'il n'y a que le desir d'être heureux ou de n'être pas malheureux qui soit invincible. L'être précisement comme tel, sans le bien & le mal être actüel ou futur, paroist fort indifferent à la volonté: car sans quelque espérance ou quelque crainte d'une autre vie, & sans la douleur actüelle qu'on souffre à se donner la mort, il y a bien de l'apparence que tous ceux-là se la procureroient, qui sont actuellement miserables, & pleinement convaincus qu'ils ne seront jamais délivrez de leurs miséres.

7° Qu'Adam aprés son peché sachant qu'il meritoit une éternité malheureuse devoit, mais ne pouvoit plus aimer Dieu tel qu'il est: puisque Dieu qui étoit son bien & la fin ne pouvoit plus l'être, mais uniquement son mal ou la cause veritable de ses éternelles douleurs. Il ne devoit plus être capable que de desespoir qui produit necessairement le desir de n'être plus. Mais la connoissance du Mediateur ayant produit en Adam l'esperance que Dieu deviendroit son bien, alors il a pû l'aimer tel qu'il est.

8° Qu'en supposant neanmoins que Dieu lui eût rendu l'amour dominant de l'ordre, il auroit pû aimer Dieu vengeur & determiné à le punir, pourvû neanmoins que la beauté de la justice ou l'horreur de l'injustice, fût un motif plus fort & plus vif que la douleur ; c'est-à-dire que l'ordre immuable de la justice lui plût davantage, ou que l'injustice lui fit plus d'horreur, que la douleur actuelle. C'est en ce sens que

que j'ai dit ailleurs, *que ceux qui voient Dieu tel qu'il est l'aimeroient au milieu des plus grandes douleurs ; & que ce n'est pas l'aimer comme il merite de l'être, que de l'aimer seulement à cause qu'il est le seul, qui puisse causer en nous des sentimens agreables.* L'objection à laquelle je repondois determinoit le mot de plaisir aux plaisirs confus & sensibles. Et quand je dis icy qu'on ne peut rien aimer que ce qui plaît, je prens le mot de plaisir dans toute son étenduë. Au reste je n'examinois pas dans les *Conversations Chrêtiennes* la question dont il s'agit pour s'instruire de mon sentiment là dessus, il falloit plutôt lire le *Traitté de Morale* que j'ai fait, ou du moins le Chap. VIII. Ce Traitté regarde bien plus la question dont on dispute, & il est plus nouveau que les *Conversations* que j'ai composées il y a plus de 20. ans. On doit croire que les auteurs sont moins ignorans à 50. ans qu'à 30. ou 40. & que les efforts qu'ils doivent faire pour avancer dans la connoissance de la verité ne sont pas entierement inutiles. Mais de plus il ne faut pas s'imaginer que tout ce que dit un auteur ce soit veritablement son sentiment. Car on dit bien des choses par prejugé ou sur la foi des autres, & parce qu'elles paroissent d'abord vraisemblables, sur tout quand ce qu'on dit ne regarde qu'indirectement le sujet qu'on traitte. Il y a dans mes livres cent endroits contraires au sentiment qu'on a voulu m'attribuer. On peut dire avec verité qu'on n'a de sentiment determiné, qu'à l'egard des questions que l'on a serieusement examinées. Et tous ces passages qu'on entasse pour se prévaloir de l'autorité des autres, ne prouvent pas mêmes que ceux que l'on cite, ayent eu veritablement l'opinion qu'on leur attribuë. On pourroit souvent prouver le contraire par d'autres passages des mêmes auteurs ; & peut-être que s'ils revenoient au monde, ils nous diroient de bonne foi qu'ils n'ont jamais examiné la matiere sur laquelle on pretend decider par leur autorité.

9° Il suit encore des principes que j'ay tâché d'établir : Que l'in-

difference pour sa beatitude, pour
sa perfection & pour son bonheur,
est non seulement impossib'e, mais
qu'il est tres-dangereux d'y pretendre, parce que cela ne peut qu'ins-
pirer une nonchalance infinie pour
son salut, qu'il faut operer comme
dit l'Apôtre *avec crainte & tremble-
ment*. Cette indifference par laquelle on pretend détruire entierement l'amour propre, ne le combat
qu'en apparence. C'est une victoire imaginaire qui nous flatte d'autant plus qu'elle nous coute moins.
Il est vrai que pour en venir là, il a
fallu bien combattre contre la raison, & contre l'impression naturelle que Dieu met en nous pour la
béatitude. Elle coûte beaucoup cette victoire prétenduë par cet endroit
là, mais il n'en coûte peut-être à
l'amour propre corrompu rien de ce
qui le flatte le plus.

10°. Que ces états de secheresse
dans lesquels on n'a point de goût
pour la vertu, sont fort dangereux.
Il seroit impossible alors de resister aux tentations, si l'on n'étoit
soutenu, du moins par une se-

crette horreur du peché. Car le de-
goût du vice nous touche quelques
fois auſſi vivement & plus vivement
que le goût de la vertu. Cela dis-je,
ſeroit impoſſible, puis qu'il n'eſt pas
poſſible de perſeverer dans le bien
ſans la grace de Jesus-Christ. Car
ſelon ſaint Auguſtin, les ſecours de
la grace de Jesus-Christ ne con-
ſiſtent que dans de ſemblables ſentimens. Il n'y a que la lumiere
& le ſentiment qui déterminent
nos diverſes volontez : La lumiere eſt la grace du Créateur, & le
ſentiment eſt celle du Reparateur.
L'etat des ſechereſſes eſt le plus
meritoire, mais il n'eſt pas le plus
ſeur.

11° Qu'il faut travailler de toutes
ſes forces à l'acquiſition des vertus
à ſa propre perfection par le deſir
mêmes qu'on a pour ſon bonheur
futur : ſachant bien que Dieu étant
juſte, c'eſt une neceſſité que l'un
ſoit reglé ſur l'autre. Il faut que ce
deſir d'être heureux, dont l'abus
fait les voleurs & les avares, nous
rende avares de cette avarice ſpiri-
tuelle que quelques gens condam-

nent comme contraire à la volonté de Dieu. *Hæc est voluntas Dei sancti-ficatio vestra*, dit saint Paul : *Estote perfecti sicut Pater vester cœlestis perfectus est* , dit JESUS-CHRIST même. On ne peut trop desirer sa perfection. Mais il ne faut pas s'imaginer qu'on la puisse acquerir sans le secours de JESUS-CHRIST , sans ces graces de lumiere vive & de sentiment , par lesquelles la beauté de l'ordre nous touche , & le desordre nous fait horreur ; car il faut que l'amour propre soit éclairé , & en même tems vivement touché par les vrais biens, afin de pouvoir les aimer.

12° Enfin il s'ensuit que cette proposition, il ne faut souhaitter la beatitude que parce que Dieu le veut, est du moins équivoque. Car elle est fausse en ce sens qu'elle suppose qu'il depend de nous de vouloir être heureux; ou que nous puissions avoir des motifs préalables au desir de la beatitude , par lesquels nous puissions la vouloir ou ne la vouloir pas , elle qui est le principe de tous nos desirs. C'est à peu prés comme si l'on disoit qu'il ne faut

être que parce que Dieu le veut.
Le motif du desir naturel que nous
avons pour la beatitude est en Dieu
qui en est l'Auteur & nullement en
nous. Mais cette proposition est
vraie en ce sens, que voulant être
solidement heureux dans la joüissance du souverain bien, nous devons nous contenter du degré de
joüissance qui nous sera prescrit
dans la loi éternelle : parce que ce
plus petit degré remplit suffisam-
ment le desir naturel que nous
avons pour la beatitude, qu'aimant
l'ordre nous avons un motif de
nous y conformer, & que lors qu'on
a sujet d'être content, & qu'on est
sage & éclairé, on ne desire point
ce qui est non seulement injuste,
mais absolument impossible. Mais
presentement que nous sommes en
état de meriter par nôtre coopera-
tion à la grace, plus nous aimons
Dieu, plus nous devons aspirer à la
plus haute perfection : parce qu'en
effet plus le bonheur des Saints est
grand, plus ils joüissent parfaitement
de Dieu, plus aussi leur amour est ardent & leur transformation parfaite.

N'en voila que trop ce me sem-
ble pour prouver que je ne suis pas
dans le sentiment qu'on a voulu
m'attribuer, & que ce n'est pas sans
raison que je ne veux pas m'y rendre. En effet prevenu comme je le
suis d'estime & d'amitié pour l'auteur de la *connoissance de soi-même*. Il
me falloit de bonnes raisons, ou du
moins que je crusse telles, pour m'é-
loigner de ce qu'il pense sur l'amour
desinteressé. Mais si cet écrit suffit
pour faire connoître mes sentimens
sur cela & sur quelques autres questions qui y ont rapport ; je doute
fort qu'il soit suffisant pour en con-
vaincre les autres. Car outre qu'il
est trop court, & qu'il suppose bien
des choses prouvées ailleurs, la matiere est plus obscure & plus diffi-
cile qu'on ne croit. Comme nous ne
connoissons nôtre ame & ses facul-
tez que par le sentiment interieur
que nous avons de nous mêmes, il
est impossible de les definir clairement, ni par consequent de con-
server l'évidence dans ses raisonne-
mens.

F I N.

Fautes à corriger dans la I. Partie.

Page 9. ligne 6. lisez recommencer *foiblement*.
p. 117. l. 4. lisez il *peut*.
p. 125. l. 23. point, lisez *nous*.
p. 208. l. 23. lisez *efficace*.
p. 213. l. 3. lisez *on*.
p. 262. l. 19. lisez *reproduire*.
p. 264. l. 9. lisez qu'ils *se*.

Seconde Partie.

Page 14. ligne 30. lisez *éclairez*.
p. 23. l. 7. lisez *par elle*.
p. 28. l. 15. lisez *glorifie*.
p. 49. l. 2. effacez *e*.
p. 50. l. 14. lisez *du*.
p. 77. l. 27. lisez de *l'ame*. Celui.
p. 95. l. 23. lisez *la*.
p. 97. l. 18. lisez *la*.
p. 112. l. 13. lisez *ami*.
p. 116. l. 2. lisez *le*.
p. 130. l. 17 effacez *&*
p. 143. l. 19. lisez *monarchique*. ligne 21. *ministre*.
ligne 24. *que de*.
p. 190. l. 26. lisez *de leur puissance au singulier*.
p. 194 l. 4. lisez *il doit suivre la Raison comme*
p. 196. l. 15. lisez de *l'un côté*.
p. 199. l. 19. lisez *nette*.

www.ingramcontent.com/pod-product-compliance
Lightning Source LLC
LaVergne TN
LVHW021812170726
843503LV00007B/3170